AF455481

HUGUES LE ROUX

NOTRE PATRON

ALPHONSE DAUDET

PARIS
A. DUPRET, ÉDITEUR
3, RUE DE MÉDICIS, 3

1888

NOTRE PATRON

ALPHONSE DAUDET

DU MÊME AUTEUR

L'ATTENTAT SLOUGHINE.

LA RUSSIE SOUTERRAINE. (Traduit de Stepniak.)

MÉDÉRIC ET LISÉE.

UN DE NOUS.

L'ENFER PARISIEN.

LE FRÈRE LAI.

En préparation

L'AMOUR INFIRME.

ÉMILE COLIN. — Imprimerie de Lagny.

NOTRE PATRON

ALPHONSE DAUDET

PAR

HUGUES LE ROUX

PARIS
A. DUPRET, ÉDITEUR
3, RUE DE MÉDICIS, 3

1888

Les pieuses personnes ont coutume d'accrocher dans les églises de petites plaques louangeuses, où elles exaltent en quelques lignes dorées le bienheureux de leur choix...

Ceci est mon ex-voto, cher patron, que j'ai autrefois invoqué dans le ressac et qui m'avez conduit au port.

NOTRE PATRON

ALPHONSE DAUDET

CHAPITRE PREMIER

« MON VOISIN... »

Ma tendresse pour Daudet est bien ancienne. Je vois encore l'écolier provincial que j'étais quand un jour de l'an mit entre mes mains son *Petit Chose*. Ce n'est certes pas le meilleur livre de Daudet, pourtant cette histoire me bouleversa. Jamais je n'avais ainsi été pris aux entrailles, jamais je n'avais éprouvé pour un auteur cette reconnaissance que l'on garde toute la vie à ceux qui vous aident à vous découvrir vous-même, à ceux qui donnent une forme à tout l' « inexprimé » que nous portons en nous. Je me fis donc le secret serment que, au jour de la liberté, je m'irais placer sur la route de ce devineur d'âmes, pour la joie de lui crier mon admiration.

Les jours passent. Voici les études de collège finies, on se rend à Paris afin de suivre des cours. Il faut bien un prétexte, n'est-ce pas? pour venir battre le pavé de la grande ville, — et les parents ont mille fois raison de hausser les épaules quand vous leur déclarez tout net que vous allez à Paris « *pour y faire de la littérature.* »

En arrivant, je m'étais tout de suite informé de l'adresse d'Alphonse Daudet — il demeurait, en ce temps-là, avenue de l'Observatoire — et la première année passa dans des déménagements successifs qui, progressivement, me rapprochaient de sa maison. Je n'osais pas venir demeurer carrément à sa porte. Il me semblait que je n'en avais pas le droit, que cette hardiesse qu'il ignorait pourrait lui déplaire. Je me risquais à peine à lever les yeux en passant sous ses fenêtres.

Vous me comprendrez, vous qui avez aimé en secret de belles inconnues dont vous n'osiez approcher les balcons !

Il fallut une catastrophe pour me décider à révéler mon existence à ce « maître » que je m'étaïs choisi.

A la Sorbonne, dont je suivais les cours, tant bien que mal, entre les leçons qu'il fallait donner et les invraisemblables travaux dans lesquels un étudiant gagne sa vie, on nous avait annoncé qu'un des professeurs les plus illustres de la Faculté — je ne le nomme point pour ne pas lui faire de la peine, car c'est un savant de mérite, malgré ses écarts de langue — nous corrigerait un « travail ». Nous pourrions par là nous rendre compte de la distance où nous étions respectivement des licences que chacun de nous poursuivait. Le sujet proposé était je ne sais plus quelle pensée de Pascal.

Je me mets à l'œuvre avec passion.

Je barbouille une centaine de pages, je griffonne, je déchire, je retape, je ne me lasse pas de lécher mon ours. Je l'apporte au savant professeur avec une sollicitude paternelle, la certitude d'avoir produit un chef-d'œuvre.

... Au bout d'un mois on nous convoque pour nous faire connaître les résultats du classement.

Au fond de mon cœur, je m'attendais à être loué avant les autres. Pourtant le premier nom que le maître prononce n'est pas le mien.

Je me dis :

— Ce n'est pas un homme de goût. C'est un malheur. Au moins m'aura-t-il placé le second ?

Ni second, ni troisième.

Il m'avait gardé pour la bonne bouche.

Arrivé au quarante-cinquième travail, il s'arrête et fort brutalement :

— J'ai encore reçu un manuscrit de M. Hugues Le Roux. Dans son cas il n'y a qu'à prendre des douches sur la tête.

Je sortis désespéré.

Les plus noires idées me hantaient la cervelle. Ah ! si l'on savait combien, à de certaines heures, un mot peut faire de mal, on aurait toujours la triple serrure à ses lèvres!

Au bout de deux jours d'abattement, je pris un grand parti. Je m'assis à ma table, et, d'une main que l'émotion faisait trembler, j'écrivis :

« *A Monsieur Alphonse Daudet*

Monsieur,

Je suis le petit Chose.

Je n'ai pas d'ami pour me recommander à vous ; cependant vous êtes la seule personne qui me puissiez donner le conseil qui me manque.

La rage d'écrire me tient, et voilà que mes maîtres de Sorbonne viennent de me traiter de la façon la plus humiliante. Ils m'accusent de manquer de docilité. Ils affirment que je suis perdu par de mauvaises lectures. Je vous supplie donc de lire cette nouvelle que je vous envoie et de me dire si vous pensez comme eux. Le plus grand service que vous me puissiez rendre, c'est la franchise sans nuances.

J'ai dans tous les cas, ce titre à votre bienveillance :

Je ne veux pas me tromper de voie.

Je portai ma lettre et mon manuscrit.

Je n'espérais guère de réponse.

— Il a dû tant de fois recevoir cette épître-là! me disais-je avec découragement.

Deux jours plus tard, la poste m'apportait une petite lettre d'une écriture fine, étrangement serrée, que je ne connaissais point.

Je l'ouvris le cœur battant.

C'était la réponse de Daudet.

Si je la publie ici, ce n'est point pour le plaisir d'exhiber mes « certificats », comme le général péruvien de *Rabagas* ; c'est seulement pour montrer la délicate bonté de cet artiste charmant, à qui des envieux ont si injustement reproché la sérénité égoïste.

La nouvelle dont il s'agit ici a été publiée depuis sous le titre *Ohé Mathieu*, dans le recueil du *Frère Lai*; c'était la véridique histoire d'un petit enfant bossu, que je rencontrais, chaque matin, en venant boire du lait dans une crémerie de la rue Vaugirard.

Voici ce billet :

22 Décembre 1882.

Mon voisin.

J'ai lu votre nouvelle.

Elle n'est pas bonne. Et pourtant vous êtes un écrivain et vous serez un romancier.

Il n'y a pas dans votre histoire de bossu ce qui devrait y être, c'est-à-dire l'ironie de la vie donnant au beau Capoulade, ce fils avorton, né de ses vices, et l'humiliation du grand drille devant cette loque

Langue excellente par exemple, ferme et simple, une entrée charmante, et des coins trouvés, comme l'exhibition du petit, au café, sur le comptoir.

Vous referez votre nouvelle, mais trois fois plus longue, et quand nous en aurons causé.

Le dimanche matin, de neuf à onze heures et demie, je suis chez moi.

ALPHONSE DAUDET.

Je lus, le sang au front, un nuage sur les yeux, et je le garde précieusement, je vous jure, ce petit billet tombé dans mon chagrin, qui un jour, m'a rendu l'espérance.

Je n'attendis pas le dimanche. Dès le lendemain matin je sonnais à la porte.

Quelle émotion, mon Dieu ! en entrant dans ce cabinet de travail ! Rien que de m'en souvenir ma voix s'enroue.

Daudet est d'une taille tout à fait moyenne; pourtant il me parut démesurément grand, tandis que, de haut, il plongeait sur moi, son monocle rivé, dans l'œil, sous l'embroussaillement des cheveux.

D'abord il me parla de ma « nouvelle », puis de ma vie, de mes rêves. Il touchait à tout cela d'une main infiniment délicate ; il vous donnait envie de s'ouvrir tout entier. J'ai compris ce jour-là pourquoi il avait reçu dans sa vie tant de confessions.

Je lui contai tout, les leçons à quarante sous, les traductions pour des journaux scientifiques, les écritures dans un bureau de nourrices, du côté de la rue Lacépède, les veillées dans les bibliothèques, la tristesse des besognes inutiles qui ne rapportaient même pas le pain...

Quand je le quittai, j'étais consolé et conquis pour toujours...

Ceux qui ont approché Daudet connaissent l'affection particulière qu'il inspire : il y entre un juste sentiment des motifs si relevés de la tendresse qu'on lui porte, avec un peu de vertige physique.

Cette fascination s'exerce sur les simples comme sur les raffinés. J'ai connu à Daudet, l'année dernière, un affreux cocher de fiacre, un cocher de nuit, qui le menait quotidiennement à sa douche. Cet homme — pris un jour par pitié sur une station où personne ne voulait de lui — ne travaillait plus. Il venait, pendant des matinées entières, guetter l'heure irrégulière de la sortie de Daudet, à la porte de sa maison. Dans son enthousiasme, dans le besoin passionné qu'il avait de devenir la « chose » de son grand homme, ce malheureux cocher avait peint deux « D » magnifiques sur ses portières ; il les avait gravés à l'intérieur de sa voiture, sur les vitres !

Rapprochez de cette passion naïve le mot du vieux père Flaubert :

« Alphonse, on l'aime comme une maîtresse. »

Et vous aurez une juste idée du sentiment que j'indique.

On ne peut, si l'on n'a entendu causer Daudet dans l'intimité, se faire une idée de la séduction de sa parole. Il m'a conté un jour une petite histoire qui met en belle lumière ce don d'enchanteur qui est sien.

Il était encore presque enfant, et, avec son cousin Tartarin, il battait les cafés de je ne sais plus quelle petite ville du Midi. Ce jour-là, il avait imaginé de donner à ses camarades une représentation de gymnastique. Pour cela, il avait couché le colossal Tartarin par terre, au beau milieu du café, et, agile, tout petit, il dansait la sarabande autour du géant, crachant dans ses mains comme un hercule de foire et disant :

— Vous allez voir... je vais le saisir... je vais l'enlever...

— Prends garde au lustre ! cria avec épouvante une des dames de l'assistance.

Il n'aurait pas seulement pu soutenir le bras de Goliath, étendu sur le parquet.

Ce don merveilleux de faire croire ce qui lui plait a crû chez Daudet avec les années et le talent. Ceux qui lisent avec tant d'émotion les belles pages de ses livres, sans soupçonner l'existence d'un plaisir littéraire plus vif, ne savent pas quelle impression elles nous ont causée à nous autres, lorsqu'on nous les a contées, mimées par fragments, dans l'obsession, dans la fièvre, dans le grouillement du livre naissant.

C'est bien l'occasion de parodier le mot de l'autre : Si vous entendiez le charmeur lui-même...

Peut-être au moins, en découvrant ici un petit coin des délicatesses intimes de Daudet, aurai-je la joie de le faire chérir encore davantage par ses amis inconnus.

CHAPITRE II

UNE HISTOIRE FANTASTIQUE

Au moment où je fis la connaissance de Daudet, il écrivait avec une émotion profonde la préface des mémoires de Gill. Et c'était, à ce propos, un retour douloureux sur les années de jeunesse, sur ce bon temps de folles gaietés, d'heures perdues, d'amitiés chaleureuses, où chacun portait encore en soi le mystère de sa destinée.

Un souvenir poussant l'autre, les histoires succédaient aux histoires : et tout vivait, le café Bobino avec ses grands hommes, les camarades avec leurs intonations, leurs gestes et leurs tics...

Mais ce jour-là, — et c'était votre faute, pauvre Gill! — on songeait surtout aux amis disparus, à ces premières tombes laissées en route, que l'on aperçoit, même de l'autre bout de la vie, toujours blanches, toujours fraîchement creusées.

Je ne sais si Alphonse Daudet donnera quelque jour une suite aux mémoires ébauchés de sa vie littéraire; en tous cas, ceux qui lui ont entendu conter, au hasard de l'a-propos, les journées ardentes de sa jeunesse, garderont de ces exquises causeries un souvenir ensoleillé dont la chaleur ne saurait passer dans la grise banalité de la feuille imprimée, lue par des indifférents, aux heures vides.

*
* *

Ceci est un conte de la vingtième année, du temps où l'auteur de *Sapho* habitait les *payottes* de Meudon, et promenait fièrement dans les bois d'alentour un superbe chapeau tyrolien à plumes d'aigle, qui faisait retourner les femmes et les gardes champêtres.

Ils étaient d'ailleurs trois autres « tyroliens » dans la petite bande :

Un s'appelait Jean du Boys ;

Un André Gill ;

Quant au troisième compagnon, si j'ai oublié son nom, voici son histoire :

C'était un rejeton de race paysanne, un fort gars, déserteur de quelque séminaire tourangeau, attiré à Paris par la fascination de cette vie littéraire, qui, à distance, dans le calme mortuaire des provinces, fait fermenter toutes les cervelles où germe quelque levain d'indépendance et d'art.

Oh ! oui, réfractaire et déséquilibré celui-là, et qui ne devait pas mener loin sa campagne !

Il était la proie d'un vice héréditaire, paysan, qui lui brûlait le sang et la moelle. Il aimait l'ivresse froide, calculée, solitaire, — le tête-à-tête, dans des bouges, avec le vin frelaté qui vous bâtonne les tempes et vous couche sous les tables.

Un jour, dans la honte d'un réveil plein de sanglots, seul avec Daudet, il lui avoua sa volonté détruite, la force terrible qui le poussait malgré lui au trou noir du suicide, où était tombé son père, où il savait bien qu'il irait — où, quelques mois après, il se jeta.

... Au bord d'une mare, après trois jours de recherches, ses amis retrouvèrent son feutre tyrolien, son pauvre chapeau de folie, roulé sur le gazon.

*
* *

Des années passent, le siège, la Commune.

Le temps est fini de la vie bohème, des heures gaspillées. L'artiste a un foyer, une compagne, un enfant.

Un soir, un de ces soirs du lendemain de la guerre où l'on restait blotti au coin du feu, l'oreille encore aux écoutes des obus qui ne grêlaient plus, la porte du salon s'ouvre avec violence, et un homme paraît, tout en noir, sans linge, les yeux égarés.

C'est Jean du Boys.

Il était coiffé de son vieux feutre, et, sous le bras, portait un volumineux manuscrit, un poème épique, la *Revanche*, où il mêlait toutes les histoires, tous les noms, Miltiade,

Napoléon, Jésus-Christ, Bismarck. Assis en face de son ami, il lisait avec des gestes fous, des saccades de tête qui faisaient trembler sur le mur l'ombre ironique et disproportionnée de la plume d'aigle....

... Et lui aussi, quelques mois après, il fallut le conduire à la fosse, — mais après la halte du cabanon, l'horrible antichambre de la mort ! Et quelle mort ! Une agonie de bête enragée, crevant sur un tas de pierres dans une mare de sang et d'écume.

Je ne rappelle pas l'histoire de Gill. Daudet a écrit lui-même en tête des *Vingt ans de Paris* quelle frayeur le saisit à la nouvelle de sa folie.

« C'était, dit-il, le troisième que la démence me prenait ; je n'eus pas la force d'aller le voir, et, encore aujourd'hui, la plume me tombe des mains tandis que j'écris cette préface pour tenir à mon pauvre camarade la promesse de notre dernière rencontre. »

*
* *

Pendant l'hiver 85, date où il écrivait l'*Evangéliste* , Alphonse Daudet fit de fréquentes visites aux malades de la Salpêtrière. Il voulait étudier sur le vif des crises certains cas pathologiques analogues à l'hypnotisme de son Eline Ebsen.

Un jour, après la visite, il était demeuré à déjeuner en compagnie du docteur Charcot et de ses internes. Naturellement, pendant tout le repas, on causa des phénomènes nerveux, des enchaînements de bizarres coïncidences qui parfois ont une action terrible sur notre état mental. Chacun disait son mot, les faits qu'il avait observés, et finissait par l'aveu de ses propres hantises.

A son tour, Alphonse Daudet

conta l'histoire des trois chapeaux tyroliens qu'il avait vus successivement sur trois crânes de fous. Il expliqua qu'après la démence de Gill il avait éprouvé une minute de stupeur, subi une épouvante superstitieuse, plus forte que le bon sens, et jeté au feu le quatrième chapeau tyrolien, un pauvre feutre rouillé, inoffensif, gardé jusque-là dans un coin comme une relique de jeunesse.

— Je ressentais, dit-il, un désir irrésistible de m'en couvrir encore, et, en même temps, j'avais la conviction profonde que, s'il touchait mon front, c'en serait fait de ma raison comme de la leur.

On écoutait avec attention, sans sourire, tous ayant le souvenir de semblables obsessions, qui avaient conduit des cerveaux impressionnables à la monomanie, et, de là, à la folie.

Le repas était fini, on descendit pour fumer les cigares sous les galeries, dans le jardin de l'hôpital. Et, comme on causait, tout en marchant, une voix fêlée de vieille coquette, une de ces voix minaudières qui semblent artificielles comme des vocalises de perroquet, interpella les promeneurs.

— Bonjour, madame Lureau, dit un interne en s'approchant d'une petite personne, sans âge, qui avait abandonné sa promenade et qui s'accoudait à la galerie pour voir passer les visiteurs. Me reconnaissez-vous ?

— Parfaitement, répondit la vieille pensionnaire, et tous vos amis qui sont là. Mais voici un monsieur que je n'ai jamais vu...

Elle désignait Alphonse Daudet qui s'était rapproché pour l'examiner de près.

— Demandez-lui donc comment

il me trouve avec mon chapeau tyrolien.

Et levant ses bras maigres, jusque-là cachés par la balustrade, elle fit voir un vieux feutre tout cabossé, qu'elle campa sur ses cheveux grisonnants; puis, les mains aux hanches, avec un mauvais rire de folie, elle répéta ces mots qui bourdonnaient encore dans sa pauvre cervelle vide :

— Mon petit chapeau tyrolien, monsieur, comment le trouvez-vous ?

CHAPITRE III

UNE TARASCONNADE

C'est sur un banc de tilleuls, dans les jardins de Champrosay, que Daudet nous « l' » a contée, une après-midi de si grand soleil, que nous nous croyons tous transportés, là-bas, sur les bords du Rhône, au pays de mirage...

— Quand mes amis, disait Daudet, apprirent que, après ma cure de Lamoulou-les-Bains, j'allais célébrer avec Mistral les fêtes de Provence, ils ne se montrèrent pas moins inquiets que les familiers du tsar Alexandre, lors du couronnement de Moscou.

Je n'exagère pas.

Il n'y a pas d'exagération possible quand on parle de Tarascon et des Tarasconnais, des manifestations de leurs enthousiasmes ou de leurs haines.

Suppléez par l'imagination aux raffinements connus des triomphes ou des gémonies ; vous demeurerez toujours au-dessous du *tutti* de l'opinion tarasconnaise.

Et, si l'on a tout à craindre des Terroristes, quand on est assis sur le trône de Russie, on a tout à redouter des Tarasconnais, quand on a écrit *Tartarin de Tarascon.*

Tout :

Les trains qui sautent ;

Les poignards qui trouent les côtes ;

La grande tasse du Rhône, où l'on peut boire un mauvais coup.

Parce que Tarascon est resté dix ans sans bouger, parce qu'il s'est contenté de montrer le poing et de proférer, de loin, des injures épouvantables, ces gens du Nord ont cru que tout se passerait en chansons.

Et autremain les Tarasconnais étaient des lâches, alors?

Ils se recueillaient, *pas mouain*.

Ils machinaient leur *vengeaince*, et, — ce que personne ne sait, — ils avaient déjà dépêché un éclaireur pour reconnaître le terrain.

Et qui donc?

Qui ?

Le brave commandant Bravida, *au mouain*, envoyé, lors de l'Exposition de 1878, aux frais d'une cagnotte, amassée pendant quatre ans, au bezigue, entre l'armurier Costecalde et le pharmacien Bézuquet.

Vous n'avez pas su ça, vous autres *Parisiains* ?

Té! on est si mal renseigné sur ce qui se passe, à *Parisse !*

5

Mais demandez un peu aux gardiens de la tour Saint-Jacques, de la Colonne de Juillet, de l'Eglise Montmartre, de l'Arc-de-Triomphe, du Panthéon et du Puits artésien de Grenelle, — enfin de tous les endroits où l'on grimpe, où l'on se hisse, où l'on escalade, pour découvrir Paris à vol d'oiseau, — tous ces gens-là vous diront qu'ils ont vu circuler, sur la plate-forme de leurs observatoires, un monsieur d'allures martiales, portant la barbiche et la redingote militaires, qui, après s'être fait indiquer les différents clochers de la capitale, leur a demandé, à tous, — avec un accent qui leur est resté dans l'oreille :

— *Et autremain*, où est-elle donc, la maison de ce Daudet?

Mais Tarascon ne devait pas s'en tenir là.

Quand il a su qu'au lieu de rendre hommage à la longanimité des

Tarasconnais, Enfant Prodigue du Midi, je me préparais à accroître mes fautes, que Tartarin et Bompard étaient sortis encore une fois de mon armoire, qu'ils battaient les grands chemins, qu'ils voyageaient en Suisse, que le récit de leurs aventures était sous presse, que les gens du Nord se tenaient les côtes, par avance, — quand il a su cela, comme en 70, comme toujours, Tarascon a été à la hauteur des *circonstaínces*.

Tarascon a décrété des mesures violentes.

Tarascon n'a pas reculé devant l'attentat.

Et autremain ?

Voici l'histoire :

Au mois de juillet de cette année, un monsieur portant une barbe et une chevelure exubérantes, suivi, pour tout bagage, d'une petite boîte noire à encoignures de cuivre, sanglée avec une courroie, descendait au principal hôtel de Tarascon, sur l'Esplanade, — vous ne connaissez que ça, *au mouain !*

Quand on lui porta le registre de police pour signer son nom, il parut hésiter un instant, puis prenant son courage, il écrivit...

Et autremain, vous ne devinez pas ?

Il écrivit : « Alphonse Daudet ». posa la plume et se frotta les mains.

Comme bien vous pensez, la nouvelle courut toute la ville.

Les *Frères de la Mort*, les *Chacals du Narbonnais*, les *Espingoliers du Rhône*, tous les débris des vaillantes bandes de 71 se réunirent chez l'armurier Costecalde et tinrent conseil.

IL venait braver Tarascon chez lui, pécaïré!

Après *Tartarin de Tarascon!*

Avant *Tartarin en Suisse !*

Ah! si le brave commandant Bravida ne leur avait pas recommandé de la prudence!...

— De la *prudaince au mouain*, de la *prudaince!*

... Ils auraient fait sauter tout Tarascon, les Espingoliers, pour ensevelir le menteur sous les ruines!

Ils résolurent d'aller attendre l'ennemi — en force — à la sortie du café, et de le jeter tout simplement dans le Rhône.

Aussitôt dit, aussitôt fait; on s'embusqua, on monta le guet, et, au moment où IL sortait du café, vingt *Chacals* vous l'empoignèrent et l'entraînèrent à la rivière.

Si vous l'aviez entendu crier, le pauvre homme!

Il hurlait.

— Z'ai menti! Z'ai menti! Ze m'appelle Marius Pégoulade! Ze voyaze dans l'huile et l'olive!

Ah! bien oui!

Ils *le* tenaient! Ils ne voulaient pas *le* lâcher, les *Chacals!* Si bien que le malheureux Marius était déjà à califourchon sur le parapet, quand, pour son salut, les tricornes des gendarmes apparurent...

— C'est le commandant de gendarmerie qui m'a conté la chose, nous disait Daudet en riant.

— Et *autremain?* N'allez pas croire que je suis de Tarascon, *au mouain!*

CHAPITRE IV

LA MUSIQUE

Pour peu que vous ayez lu d'un peu près ces vivantes descriptions qui sont un des charmes des livres de Daudet, vous avez certainement remarqué le rôle considérable qu'y joue la symphonie des bruits.

Vous savez à quelle délicatesse de perception s'aiguise l'ouïe des aveugles. Daudet, qui est myope — au point d'effacer ce qu'il écrit avec son nez, — a certainement dû être amené, lui aussi, à suppléer à l'infirmité de ses yeux par la culture de son oreille.

Il possède une ouïe de sauvage.

De même que vous êtes capable de passer une journée, sur une plage, à regarder rouler les vagues, lui demeure des heures assis dans cette belle forêt de Senard qu'il aime tant, à écouter les bruits des choses, le lent frolement des verdures, le trot des lapins dans l'herbe, la fuite d'un écureuil, pendant des lieues, dans les hautes branches...

Faut-il dire, après cela, qu'il est passionné de musique ?

Il fait souvent venir chez lui les tziganes, et sous ce déluge de notes il est plaisant à voir. Inutile de chercher à causer. Il vous répond en fredonnant le chant des violons. C'est l'ivresse d'un bon nageur qui fait une pleine eau et qui a bien envie de répondre « zut » aux fâcheux restés sur le rivage qui crient :

— Vous allez trop loin !

Wagner avait lu Daudet avec piété, et, lui, le musicien, il avait bien entendu cette rumeur qui chante dans tous les paysages du romancier; aussi professait-il pour Daudet une tendresse toute particulière.

Je me souviens d'avoir un jour entendu M. Fourcaud, de retour de Bayreuth, dire à Alphonse Daudet :

— Vous savez que Wagner a votre portrait sur sa table. Et, bien que vous ne soyez pas de la confrérie des musiciens, il vous fait l'honneur de tenir à votre suffrage. Il m'a demandé, une des dernières fois que je l'ai vu : « Est-ce que Daudet m'aime ? »

Je suis en état de vous répondre, ô Wagner, et si, dans les Champs-Elysées que vous habitez, ce souci inquiète encore vos manes, soyez rassuré : Daudet m'a dit sa pensée là-dessus, un beau soir de l'année dernière, à la sortie de la première et unique représentation du *Lohen-*

grin, — journée mémorable où les mitrons français ont fait preuve d'un si surprenant patriotisme.

— Je demande, me dit donc ce soir-là Alphonse Daudet, à distinguer le Wagner musicien du Wagner librettiste.

Le librettiste lasse, use notre patience latine qui ne veut connaître de toutes choses que des résumés.

On sent que ce libretto a été écrit pour des gens habitués à l'ennui, qui l'aiment, qui s'y bercent, — pour ces causeurs à phrases monumentales, terminées par une particule, qui fait retomber le couvercle de la chope de bière. Ici, l'âme dissertante de l'Allemagne se résume pour nous dans un personnage que nous n'oublierons plus, un affreux « raseur » qui s'appelle Henri l'Oiseleur, qui redit toutes les choses que les autres ont déjà dites, qui répète au spectateur ce que le spectateur a déjà appris de sa propre bouche, une espèce de Polonius moins comique, aussi grotesque que l'autre. Et cette lenteur constitutionnelle des personnages glace même les duos d'amour. Ils se traînent dans des engourdissements de morphine. On voit bien qu'on est au pays des éternelles fiançailles ; les amoureux de chez nous vont plus vite en besogne ; ils ont, et le spectateur de leur tendresse a aussi bien qu'eux, — comment dire ? — plus d'impatience du dénouement.

Cela dit du librettiste, je trouve le musicien au-dessus de tout.

Vous êtes là, assis dans votre fauteuil, baigné de ce brouillard allemand, et tout d'un coup, dans l'orchestre, la vague prodigieuse, la lame de fond se lève, qui vous prend, qui vous roule, qui vous emporte où elle veut, sans résistance possible, avec cent mille pieds de musique au-dessus de la tête. Quelles phrases voulez-vous faire chanter à cette voix d'élément? Jamais je n'ai si bien senti que la musique est un langage inarticulé. Les seules paroles que l'on pourrait faire clamer par cette bouche d'ombre, ce seraient des mots sans suite, étiquettes de situation ou de sentiments, comme « *mer... larmes... deuil... guerre!* »

Surtout *guerre!*

Dans ce tapage des cuivres guerriers, moi Latin, j'ai vu surgir le Saxon terrible, au casque jamais défublé, le religieux adorateur de l'Empereur et de l'Epée, et dans les rythmes des mesures, dans les profondes sonorités des instruments à cordes, j'ai entendu le pas lourd des masses de guerriers en marche, le ban, l'arrière-ban des landwehrs et des landsturms...

Oui, dans tous les opéras de

Wagner, c'est la guerre, les cris, la vie du camp, les fanfares de trompettes.

Je les ai reconnues, ces sonneries du *Lohengrin,* pour les avoir entendues autrefois, des bois de Champrosay, quand nous et eux nous étions à portée de fusil. Elles sonnaient, claires dans le lointain, le soir, avec des notes stridentes d'engoulevent, qui, dans les taillis, faisaient taire nos rossignols...

CHAPITRE V

DAUDET ET LES ÉTRANGERS

Dans ce temps de haines politiques, d'intérêts combattants, il y a au moins une supériorité que nous ne perdrons point : celle que nous assurent nos écrivains et nos artistes. L'influence française voyage en caisses de librairie. On ne se contente pas de fêter les maîtres connus : on veut des primeurs, on flaire les jeunes talents, on les attire, on les lance.

Mais l'écrivain préféré de ce grand public — le public du monde, — c'est peut-être Alphonse Daudet.

« Pour la seconde fois — écrivait-il, il y a quatre ans, sur la couverture de son *Numa Roumestan* — les Latins ont conquis la Gaule. »

Et tous, Latins d'Aix, de Toulouse, d'Espagne et d'Italie, ont acclamé en lui un des plus brillants champions de la revanche latine.

Les manifestations de cet enthousiasme exotique sont journalières, toujours éclatantes, parfois bizarres : témoin cet hidalgo qui, dernièrement, se forgeait une préface de toutes pièces, signait *Alphonse Daudet*, puis, le livre lancé, demandait le silence à son parrain sans le savoir, lui expliquant qu'il avait cédé à un mouvement trop violent d'admiration !

Dans le genre hispano-américain, il y a l'histoire des deux journalistes brésiliens, le reporteur du *National* et le traducteur du *Diario*, faisant toutes les trois semaines cent lieues de mer pour venir chercher au large, à bord du paquebot de Buenos-Ayres, la suite de l'*Évangéliste* alors publié par le *Figaro*. Ces messieurs avaient eu simultanément l'idée de transporter une imprimerie avec eux, et, au milieu du tintamarre et des manœuvres d'arrivée, sur le pont du steamer, debout, le journal à la main, ils traduisaient à page ouverte, entourés de leurs protes respectifs, qui composaient à la voix dans une fièvre de concurrence.

L'Italie n'est pas en retard de prévenances.

Un grand journal de Rome, politique et quotidien, *le Nabab,* qui a déjà fêté plusieurs fois l'anniversaire de sa fondation, vient de mettre ses destinées sous le patronage de Madame Alphonse Daudet. Et ç'a a été, à propos de la compagne d'un artiste aimé, un éloge chevaleresque de la femme française, un portrait de « l'Henriette moderne, qui vit de la pensée artistique de son siècle, sans devenir une femme savante ». Précieux éloge sur vos lèvres, vieille Italie, grand'mère latine, qui nous console des caprices d'une autre Italie, tour à tour allemande ou anglaise, laquelle, pour le moment, déguise ses transtévérines en marionnettes Greenaway.

Cet accord de sympathies prouve une fois de plus qu'en dépit des brouilles de famille, les trois peuples ont mêmes aspirations, même génie. Ce qui est plus inattendu, c'est de trouver un enthousiasme égal chez les Germains, lesquels semblent moins prêts à jouir des délicatesses de l'analyse et de la langue d'Alphonse Daudet.

Voici pourtant qu'ont paru à Berlin deux volumes, cinq cents pages d'impression allemande nette et compacte, avec ce titre : *Alphonse*

Daudet, sa vie et ses œuvres, jusqu'au mois de janvier 1883.

Cela a été publié chez A.-B. Auerbach, le frère du romancier, par un autre romancier très goûté en Allemagne, Adolf Gerstmann.

M. Gerstmann sait la nouveauté de sa tentative; il n'a pas entrepris une compilation biographique; son livre a une portée plus haute : il se proposait l'étude littéraire de notre société impériale et républicaine, il voulait l'analyser à travers l'écrivain qui aurait le plus fidèlement suivi les mouvements de son évolution.

Ces considérations sont curieuses à lire : l'étranger, n'est-ce pas comme une postérité contemporaine ?

La forme littéraire qui a le mieux réfléchi l'esprit français à la fin du XIXe siècle, c'est le roman rajeuni par le réalisme. Mais quel romancier choisir pour guide dans ce voyage de découvertes?

Au point de vue des idées, Flaubert semble incomplet, déjà ancien. Les de Goncourt sont trop Parisiens, trop à part ; quant à Zola, il en est resté à l'étude classique de types généraux : Coupeau, c'est l'*Ivrogne*, comme Harpagon c'est l'*Avare* ; malgré le groupement des observations particulières, les personnages de Zola demeurent trop généraux, épiques et abstraits.

Le vrai réaliste n'a pas de système, pas d'idée préconçue, de parti pris de hideur ou d'idéal ; il s'attache à la particularité, à l'*individuel* des physionomies, sans enlaidir ni flatter, « persuadé que tout ce qui est vrai a droit de cité dans l'art ».

A ce point de vue, « Alphonse Daudet est le prince du réalisme ».

Une fois en possession de son prototype, M. Gerstmann étudie minutieusement les influences qui l'ont façonné.

Et c'est là que commence le travail de bénédictin entrepris à grand renfort de loupes et de lunettes, avec une lenteur allemande, des précautions savantes et une plaisante rigueur de méthode. Dirait-on pas qu'il s'agit d'une enquête de concile pour une canonisation ?

Arbres généalogiques, densités des milieux, paysages de la petite enfance, premiers livres lus au collège derrière le couvercle du pupitre, vers barbouillés sur le dos d'un cahier d'école, tout a une importance dès qu'il s'agit de l'enfant célèbre.

On le prend à sa naissance, dans la fabrique de Nîmes, toute blanche de soleil, avec ses platanes penchés par-dessus les murs et le bourdonnement de ses métiers. On le suit de conte en conte, de livre en livre, dans la réalité démêlée d'avec la fiction. C'était le temps des parties de bateau sur le Rhône, de la chasse au cancrelas dans la cuisine d'Annou, des larmes du frère Jacques et des indignations légitimistes de ce pauvre M. Vincent Daudet contre la Révolution, qui était cause de tout, même de sa goutte!

Puis c'est la joie des premières œuvres imprimées, un roman, un grand roman, *Léo et Chrétienne Fleury*, publié dans la *Gazette de Lyon* ; les tristesses du *pionnicat* au collège d'Alais, enfin l'arrivée à Paris.

M. Gerstmann nous a conservé un portrait de ce temps, crayonné par Banville :

« Une tête superbe, réellement attrayante, un teint d'ambre, des yeux droits ouverts, doux comme de la soie, des lèvres pourpres, une chevelure exubérante, un ensemble qui, malgré sa grâce féminine, produit une impression décidément virile. »

Curieux aussi, ce jugement par

lequel M. Édouard Thierry salua l'apparition des *Amoureuses* :

« Alfred de Musset avait laissé deux plumes en mourant ; Octave Feuillet a pris la plume de la prose, Alphonse Daudet la plume des vers. »

Un chapitre est consacré à chacune des œuvres d'Alphonse Daudet et à la critique des milieux qu'il a peints :

Le monde artistique dans les *Femmes d'artistes ;*

Les hommes du Midi dans *Tartarin* et dans *Numa ;*

La société industrielle dans *Fromont jeune ;*

Le second Empire dans *le Nabab ;*

Le club et la « gomme » dans *les Rois en exil ;*

Les sectaires dans *l'Évangéliste ;*

La guerre dans les *Lettres à un absent*, et dans ces petits contes de la tranchée qui semblent avoir été écrits entre deux coups de feu et séchés à la poudre.

« Quand Alphonse Daudet traçait ces esquisses, dit M. Gerstmann, l'armée était battue, le pays dévasté, et lui-même, marié de la veille, avait tout quitté pour courir au rempart. Après cela, comment accuser son patriotisme tragique ? Comment s'étonner que son cœur ait été rempli d'amertume et qu'il ait fait chorus avec ceux qui n'ont vu dans les vainqueurs qu'une horde barbare abusant de son triomphe? »

Voilà qui est bien pensé.

Pourquoi faut-il que, trois lignes plus loin, le Prussien montre le bout de l'oreille?

Ces gens-là ont l'envahissante manie de vouloir s'annexer tout ce qui leur convient. Mais, comme ils ont d'ailleurs l'esprit logique, un grand amour de dissertation et de raisonnements biens conduits, ils mettent au service de leurs convoitises d'admirables syllogismes.

Celui par lequel M. Gerstmann cherche à *annexer* Daudet est sans doute un pur chef-d'œuvre.

Daudet et Dickens sont parents éloignés :

Or Dickens est un Saxon ;

Or les Saxons et les Allemands sont cousins issus de Germains.

Tirez la conclusion vous même et ne vous hâtez point de sourire :

Ceci prouve qu'une seconde fois la Grèce a conquis son farouche vainqueur.

FIN

TABLE

Emile Colin — Imprimerie de Lagny.

www.ingramcontent.com/pod-product-compliance
Ingram Content Group UK Ltd.
Pitfield, Milton Keynes, MK11 3LW, UK
UKHW022136260726
13993UKWH00003B/1469

9 782329 472799